LE FIGARO

100 BONNES & MAUVAISES MANIÈRES

À CONNAÎTRE DANS LA VIE

LE GUIDE DU BIEN-ÉLEVÉ

PAR LAURENCE CARACALLA

ILLUSTRÉ PAR PASCAL GAUFFRE

LE FIGARO - 14, boulevard Haussmann, 75009 Paris.
Directeur général, directeur de la publication : Marc Feuillée. **Directeur des rédactions :** Alexis Brézet. **Directeur délégué des rédactions :** Paul-Henri du Limbert. **Rédactrice en chef :** Anne-Charlotte de Langhe. **Éditrice :** Sofia Bengana. **Éditeur adjoint :** Robert Mergui. **Auteur :** Laurence Caracalla. **Conseil éditorial :** Anne-Charlotte de Langhe. **Illustrations :** Pascal Gauffre. **Direction artistique :** Clara Serryn. **Directrice adjointe à l'édition :** Anne Huet-Wuillème. **Édition :** Marie Guiard-Schmid. **Fabrication et pré-presse :** Marion de Chalonge et Alain Penet. **Direction de la diffusion :** Philippe Grinberg. **Directeur des ventes :** Laurent Nocca. **Responsable de la communication :** Marie Muller. ISBN 978-2-8105-0735-1– Achevé d'imprimer en avril 2015 sur les presses de l'imprimerie Pollina, France - L71843.

PRÉFACE

Être poli n'est pas une obligation. Chacun fait comme il veut. Certains lèvent les yeux au ciel en entendant l'expression « savoir-vivre », notion désuète, voire grotesque. D'autres y voient l'indispensable moyen d'être à l'aise dans toutes les situations, de paraître sympathique et respectueux. Pas mal, non ? Les règles de base, parions que vous les connaissez déjà mais un doute parfois vous habite : ai-je mis le couvert correctement ? Faut-il vraiment dire bonjour en entrant dans un ascenseur ? Dois-je présenter cette femme à cet homme, ou bien est-ce le contraire ? Ce Carnet du bien-élevé est là pour répondre à ces questions. Vous y apprendrez plein d'autres choses, du petit détail qui n'a l'air de rien, mais qui change la donne, au geste indispensable qui confirmera que vous êtes bien la femme ou l'homme qu'on imaginait : altruiste, prévenant, généreux. Bref, élégant. Vous verrez aussi qu'être courtois ne vous demandera pas de gros efforts, il n'y a même rien de plus facile. Si vous êtes souriant et aimable, c'est déjà bien parti. Pour tout le reste, lisez les pages qui suivent.

LAURENCE CARACALLA

MADAME EST SERVIE !

ÉTABLIR
UN PLAN DE TABLE

Préparer mentalement – ou sur un petit papier – un plan de table avant l'arrivée de vos amis. Lorsque vos convives pénètrent dans votre salle à manger, il faut toutes affaires cessantes leur indiquer leur place. Ainsi ne s'installera pas cette légère panique, cette confusion, chez les invités qui n'osent pas prendre l'initiative de s'asseoir où ils veulent. Pendant que vous y êtes, séparez les deux meilleurs copains qui pourraient faire des apartés pendant tout le dîner et mettez côte à côte des amis qui ne se connaissent pas mais qui devraient s'entendre. Vous êtes le chef d'orchestre de cette soirée, à vous de trouver la bonne harmonie.

S'HABILLER JUSTE

Vous venez d'acheter la plus jolie des robes du soir. En satin noir, décolletée dans le dos, longue jusqu'au pied. Bravo ! Mais vous ne comptez tout de même pas la porter là, ce soir, chez vous, pour ce dîner entre copains. Imaginez un peu la tête des convives, venus en tenue décontractée, paniqués à l'idée d'être à côté de la plaque, persuadés qu'en ce samedi soir entre amis, ils pouvaient éviter cravate et mises en plis ? Vous feriez preuve ainsi d'une grande grossièreté. Pour ne froisser personne, ni les « trop » ni les « pas assez » habillés, trouvez le juste milieu : une tenue chic mais simple, c'est l'idéal. Faites en sorte que chacun se sente à sa place. L'ambiance n'en sera que meilleure.

C'est vraiment un très très beau bouquet !

METTRE LE COUVERT

La présentation est essentielle : d'abord une nappe immaculée, de jolis couverts, quelques fleurs au centre de la table (si elles n'empêchent pas Nicole d'apercevoir Pierre assis en face d'elle). Et, bien sûr, on n'oublie pas que :

- Le verre à eau, le plus grand, se pose à gauche. Le verre à vin, le plus petit, à droite.
- La fourchette se place à gauche, pointes vers la nappe (ce n'est qu'en Angleterre qu'on fait l'exact contraire).
- Le couteau se met à droite, la lame tournée vers l'assiette.
- Si vous utilisez des couverts pour le fromage et le dessert, vous les disposerez entre l'assiette et les verres, de cette manière :
- La petite cuiller – ou la petite fourchette – à dessert sera placée le plus près de l'assiette, le couteau à fromage le plus près du verre. Leur manche à droite.

Pensez que tout est affaire de logique et que tout est fait pour faciliter le confort des droitiers. Désolé pour les autres !

SAVOIR
DISPOSER LES SERVIETTES

Même avec vos plus proches amis, oubliez la serviette en papier et montrez-vous raffiné avec des serviettes en tissu assorties à votre nappe. Sachez que pour le déjeuner, il faut la disposer sur l'assiette, pour un dîner, sur le côté droit de l'assiette. Surtout, surtout, ne la glissez jamais dans un verre. Ce n'est que dans les pizzerias que l'on voit ça. Sûrement pas chez vous !

ÉVITER
LES PLATS À RISQUE

Vous adorez les tripes ? On est content pour vous. Mais comprenez que vous n'êtes pas si nombreux dans ce cas. Le palais de vos convives est délicat, voire exigeant. Pour être sûr de ne pas commettre d'impairs, oubliez le ris de veau, la langue, le museau, les escargots, tous ces mets qui enchantent certains et dégoûtent les autres. Attention à la biche et au lapin, même à la moutarde. Bambi et Panpan sont restés ancrés dans les mémoires. Quand vous aurez trouvé le plat idéal, acceptez les compliments. Ne dites pas : « Je trouve que cette blanquette manque un peu de goût, j'aurais dû la saler davantage. » C'est agaçant cette fausse modestie. Vous ne paraîtrez jamais prétentieux en admettant simplement la vérité : vous êtes le roi des fourneaux.

WHAAAOOOUH!

WHHHAAAAAAAOOOOOUUUHH!

DONNER
LE BON TEMPO

Installés au tour de la table basse, on rit, on grignote, on prend des nouvelles. C'est un bon moment ce petit interlude pré-repas. Mais il faut qu'il ne soit que ça : un petit interlude. Insupportable de dîner à 23 heures quand on est arrivé à 21 heures. Vous devriez passer à table environ une demi-heure après votre arrivée. Certains d'entre nous ont passé l'âge de se coucher à des heures indues ! Quand la soirée touche à sa fin, il se peut que vous soyez épuisé. Vos amis, eux, ont l'air en forme. Et tandis que vous songez avec nostalgie à votre lit, eux songent avec nostalgie aux vacances à l'île Maurice passées tous ensemble l'an passé. Impossible de leur demander de rentrer chez eux. Alors, ne leur proposez pas davantage de café ou de pousse-café, n'entamez pas une nouvelle conversation. Devant votre mutisme et vos discrets bâillements, espérons qu'ils comprennent le message.

ÊTRE
UN HÔTE PRÉVOYANT

Il faut toujours être prêt avant l'arrivée de vos invités. Si au premier coup de sonnette, vous n'avez pas encore enfilé votre pantalon, que vos bigoudis sont toujours sur votre tête, votre dîner est mal parti et vous renvoyez une piètre image de vos talents de maître de maison ! Le champagne doit être au frais depuis plusieurs heures, votre pot-au-feu... sur le feu, le couvert mis, les zakouskis sur la table basse. C'est le b.a.-ba. Si ce n'est pas encore fait, les convives se sentiront obligés de mettre la main à la pâte. Or ils ne sont pas là pour vous aider mais pour passer une bonne soirée.

PENSER
AUX SUPERSTITIEUX

Les superstitieux tentent de se raisonner. Rien n'y fait. Ils ont ça dans leurs gènes. Même s'ils ont honte de l'avouer… Un bon maître de maison doit savoir, deviner parfois, les angoisses que peuvent susciter un couteau qui en croise un autre, un pain posé dans le mauvais sens, du sel qui s'éparpille sur la nappe et tant d'autres petites catastrophes incompréhensibles pour certains et qui pourrissent la vie à d'autres. Si vous ne connaissez pas les subtilités des superstitions, commencez par celle-ci, extrêmement importante, la plus connue d'entre toutes : on ne doit jamais être 13 à table. Jamais. C'est même devenu une règle de savoir-vivre. Évitez également les dîners à 14 : un invité grippé et tout est à refaire.

SMOKING,
NO SMOKING

Inviter des amis à dîner suppose quelques contraintes : cuisiner, animer, ranger. Accepter aussi les manies des uns et des autres. Certaines sont inodores, d'autres pas. Peut-on refuser à ses invités de fumer une cigarette dans son salon ? Les avis sont partagés. Avez-vous envie, réellement envie, que vos convives passent un bon moment ? Préférez-vous voir les plus dépendants trembler de froid sur le balcon pour ne pas vous incommoder ? Et si on acceptait pour une soirée, une soirée seulement, l'odeur du tabac ? Si on faisait preuve de générosité et, par là même, de courtoisie. Une bougie parfumée, une fenêtre à peine ouverte, la porte de la chambre bien fermée, et laissez-les s'empoisonner tranquillement. Félicitations ! Vous êtes décidément un généreux camarade.

OUVRIR
SON CADEAU SANS TARDER

Une bouteille de champagne fraîche ? Quelle gentille attention. Mais vous ne la dégusterez pas un autre jour. C'est maintenant et avec la personne qui vous l'a apportée que vous devez la boire. Pareil pour la boîte de chocolats offerte ce soir-là qu'on proposera à la fin du dîner au moment du café. Rien de plus agaçant que ces petits cadeaux choisis avec soin qui traînent dans un coin, oubliés par ceux que l'on voulait gâter. On aurait presque envie de les rapporter chez soi, non ? Une dernière chose : remerciez très discrètement vos généreux donateurs afin de ne pas mettre mal à l'aise ceux qui sont arrivés les mains vides.

GARDER LE SOURIRE

Ce n'était pas le meilleur soir pour organiser ce dîner : une journée épouvantable, une nuit blanche la veille, un problème de dernière minute au bureau ? On ne veut pas le savoir. Vos amis viennent chez vous pour passer un bon moment et vous devez les accueillir avec chaleur même si vous rêvez de vous glisser sous la couette. Ne leur racontez pas vos problèmes, écoutez plutôt ceux des autres, souriez et dites parfois comme vous êtes heureux de leur présence : c'est le lot de l'hôte parfait !

Comme ça c'est parfait !

BIEN PLACER SES INVITÉS

Il existe des règles de savoir-vivre pour placer au mieux ses invités. Elles sont nombreuses mais retenez déjà celles-ci : un couple ne doit pas être assis côte à côte, sauf s'ils sont mariés – ou concubins – depuis moins d'un an. En revanche, on place toujours des fiancés l'un à côté de l'autre. La personne que vous voulez honorer – celle par exemple qui n'est jamais venue chez vous, la plus âgée, etc – sera assise à la droite du maître de maison pour les femmes et à la droite de la maîtresse de maison pour les hommes.

ENTRETENIR
LA CONVERSATION

Il y a des soirs comme ça. Les invités sont fatigués ou, pire, n'ont rien à se dire. Bref, la sauce ne prend pas. De longs silences refroidissent l'atmosphère, les anges passent désespérément. Tout ceci est de votre faute, vous, l'hôte maladroit. Il faut reprendre les choses en main et plus vite que ça. Vous devez poser la question qu'il faut, rebondir quoi qu'il arrive, vous intéresser à tous, aussi bien à votre voisin qu'à votre ami situé à l'autre bout de la table : faites réagir les uns, demandez l'avis des autres, sortez-les de leur torpeur. C'est vous le responsable de cette soirée, soyez à la hauteur de la situation.

OFFRIR
DES FLEURS AVANT OU APRÈS

Votre geste part, bien sûr, d'un bon sentiment. Mais savez-vous que les fleurs sont un cadeau empoisonné ? Parce qu'on veut faire honneur à ce généreux ami, l'hôtesse va devoir faire un bouquet sur-le-champ, tâche parfois ingrate et longuette. La voici coincée dans la cuisine, tandis que ses autres convives n'attendent plus qu'elle pour ouvrir le champagne. La meilleure des idées, c'est d'envoyer des roses le matin même du dîner (5, 7 ou 9, jamais de chiffres pairs) ou de le faire déposer dès le lendemain. Une attention élégante et, soyez-en sûr, bien plus pratique.

On n'en fait pas un peu trop ?! On les connaît à peine...

APPORTER
UN PRÉSENT… OU NON

Il fut un temps où les invités n'apportaient pas de présent à leur hôte ou de manière très exceptionnelle. Il est aujourd'hui difficile d'arriver chez des amis les mains vides, intrépide de ne pas offrir une bouteille, un bouquet ou une boîte de chocolats à nos généreux maîtres de maison. Les convives les plus téméraires osent parfois n'arborer que leur sourire, mais doivent alors multiplier les excuses et attendre que leurs hôtes les rassurent, « Non, ils n'avaient besoin de rien ». Il faut alors accepter le risque de se sentir un brin radin, voire peu attentionné. C'est agaçant mais c'est comme ça. À vous de voir.

ARRIVER (UN PEU) EN RETARD

Connaissez-vous le quart d'heure de politesse ? Invités à 20h30, les convives doivent se présenter à 20h45. Tout simplement pour laisser les maîtres de maison finir de dresser la table et enfourner le rôti de bœuf. Mais attention un quart d'heure n'est pas une heure. Vous pourriez agacer non seulement vos hôtes mais tous ceux qui vous attendent pour attaquer le dîner. Imaginez : un rosbif cramé et des amis affamés qui, ivres de rage, se jurent bien de ne plus jamais vous recevoir chez eux. Bonne ambiance.

NE PAS TUTOYER TOUS AZIMUTS

Les Anglais ont cette chance : pour eux, pas de tutoiement, pas de vouvoiement, pas de malaise, pas de gêne. À partir d'un certain âge, il nous faut, pauvres Français, faire attention à la manière dont on s'adresse aux anonymes. En arrivant à ce dîner où sont déjà installés quelques invités inconnus de vous, commencez toujours par le vouvoiement (on n'est pas dans un club de vacances). Peu à peu, et selon les affinités, le tutoiement vous viendra peut-être naturellement. Et votre interlocuteur vous tutoiera aussi. S'il ne le fait pas, soyez sur vos gardes : le bougre est un peu vieux jeu. Revenez au vouvoiement ou parlez à quelqu'un d'autre.

SERVIR
DU VIN À SES VOISINES

S'il est une règle de savoir-vivre très ancienne, indémodable et en même temps facile à mémoriser, c'est bien celle-ci : une femme ne doit jamais toucher une bouteille de vin à table. Tout simplement parce que c'est l'homme qui doit la servir. Dès qu'il aperçoit son verre vide, il doit le remplir. Et ne pas attendre que sa voisine lui demande, un peu agacée, qu'elle reprendrait bien de ce Mouton Rothschild tout à fait à son goût. Et cela, même si vous sentez bien qu'elle est proche de l'ivresse : cela ne vous regarde pas !

SE TENIR CORRECTEMENT

Vos parents vous ont, sans aucun doute, appris à vous tenir à table. Si vous avez la mémoire qui flanche, voici deux, trois choses à savoir. On s'assoit après, et seulement après, la maîtresse de maison. On se tient droit (pas de dos collé à la chaise), on ferme la bouche en mangeant, on s'essuie la bouche avant de boire un verre de vin, on ne met pas sa main sur son verre pour refuser d'être servi, on ne met pas les coudes sur la table mais les mains doivent être de chaque côté de son assiette, on ne coupe pas sa salade avec son couteau, on pose ses couverts sur son assiette entre deux bouchées. Bref, il y a pléthore de règles de cet acabit. Si vous suivez déjà celles-ci, ce ne sera pas si mal.

MADAME
DONNE LE « LA »

Il est tard et vous avez faim, rien que de très normal. Il va pourtant falloir patienter un peu et surtout ne pas vous précipiter sur votre assiette, ni d'ailleurs sur le pain. Quoi qu'il arrive, vous devrez attendre que la maîtresse de maison ait saisi sa fourchette pour vous emparez de la vôtre. Si vos voisins ont entamé la tomate-mozzarella avant l'hôtesse, laissez-les faire et ne les imitez surtout pas. Contrairement à vous, ils ne savent pas se tenir.

FAIRE
PROFIL BAS

C'est ce qu'on appelle un manque de chance. Vous aimez tout, ou à peu près, sauf l'ananas. C'est donc avec une certaine angoisse que vous regardez votre hôte vous servir grassement de sa spécialité : son fameux gâteau d'ananas. Seul argument acceptable pour refuser d'y toucher : inventer l'allergie que vous combattez depuis des lustres et qui vous interdit ne serait-ce que de regarder cette broméliacée sans un passage obligé aux urgences. Et si, pour des raisons déontologiques, vous ne mangez pas de foie gras, n'en dégoûtez pas les autres. Ne racontez pas dans le détail la manière avec laquelle les oies sont honteusement gavées. On est au courant, merci. Mais là, on a simplement envie de le déguster avec ce Sauternes. Gardez pour vous les détails scabreux lus récemment dans la presse et... laissez les convives en paix avec leur conscience.

SAVOIR DÉGUSTER
LES METS DÉLICATS

On se sert évidemment d'une cuiller pour manger un potage mais attention, on ne soulève jamais son assiette pour la finir. Tant pis s'il en reste. On n'utilise pas son couteau pour couper la salade, ni les pommes de terre d'ailleurs, débrouillez-vous avec votre fourchette. Les asperges sont un problème : entre intimes, mangez-les avec les mains, dans un dîner mondain, servez-vous là encore d'une fourchette. On brise un œuf à la coque avec une cuiller, jamais un couteau. Enfin, on n'étale pas son fromage sur un morceau de pain, on le pose sur le pain, nuance. Le foie gras se mange aussi à la fourchette, pas avec un couteau. On n'utilise pas de cuiller pour manger ses spaghettis. Et puis, si vous avez un doute, regardez la manière de faire des convives réputés pour leur savoir-vivre et imitez-les !

NE PAS TOURNER LE DOS

Plusieurs témoignages se recoupent et font froid dans le dos : il existe des hommes qui tournent le dos à leur voisine de droite pour ne parler qu'à celle de gauche. Que dire ? Qu'on connaît tous des grossiers personnages mais que celui-ci a atteint la limite du supportable. Qu'en ignorant ainsi sa voisine, il fait preuve d'une goujaterie impardonnable. Un invité doit se concentrer sur les deux personnes assises près de lui, se tourner vers l'une puis vers l'autre, chacune à son tour. Et cela, même si l'une ressemble à Julia Roberts et l'autre… pas.

mmm, c'était un ravissement pour le palais !

COMPLIMENTER
LA CUISINIÈRE

Nicole a toutes les qualités : fidèle, drôle, intelligente, exquise, et un seul défaut, elle est une médiocre, une exécrable cuisinière. Elle est d'ailleurs la seule à ne pas le savoir. Si l'on vient à ses dîners, ce n'est certes pas pour sa quiche aux pastèques ni pour son méli-mélo de poissons panés. Uniquement pour sa bonne humeur. Aussi, parce que vous l'aimez et parce que vous n'avez pas le choix, vous lui direz tout le bien que vous ne pensez pas de sa cuisine. Il suffit d'un « mmmmm » ou d'un « délicieux » et ce sera très bien. N'en rajoutez pas non plus.

PAS DE DISCUSSION QUI FÂCHE

Vos hôtes se sont donné du mal, il est hors de question de leur gâcher leur dîner. Pourtant, nombre de soirées commencent bien et finissent en pugilat. Souvenez-vous des dessins humoristiques de la fin du XIXe. On y voit une famille dîner tranquillement puis les mêmes en train de se battre sauvagement : ils avaient parlé de l'affaire Dreyfus ! Cette affaire-là, qui rendit les Français belliqueux, ressemble à d'autres, plus contemporaines. Parler de politique ou de religion peut provoquer des débats un peu trop passionnés. Ils sont à proscrire chez des relations qu'on connaît peu. Garder plutôt vos joutes oratoires pour un petit cercle d'amis intimes avec qui se mesurer ne porte pas à conséquence.

REMERCIER DÈS LE LENDEMAIN

Cela devrait être un réflexe. Le lendemain d'un dîner, qu'il fut sympathique ou ennuyeux, on remercie les maîtres de maison. On peut bien sûr passer un coup de fil. Éventuellement envoyer un mail ou un SMS. Mais si vous vous démarquiez, si vous deveniez l'élégance incarnée ? Prenez un papier et un stylo – si vous ne savez plus ce que c'est, renseignez-vous – et écrivez un petit mot, tout simple, mais chaleureux et enthousiaste. Envoyez la missive dès le lendemain matin et imaginez un peu comme votre hôte sera surpris et touché. Surpris et touché que ses efforts aient porté ses fruits, surpris et touché du temps que vous avez pris pour le féliciter. Alors, rien que pour ça, pour le plaisir que vous allez lui procurer, n'hésitez plus.

LE CIVISME EN MOUVEMENT

VINS

LAISSER MADAME MARCHER CÔTÉ MUR

On appelait ça « le haut du pavé » : au XVIe siècle, pas de trottoirs, les rues étaient inclinées pour permettre aux détritus de se jeter dans un ruisseau au centre de la chaussée. La partie la plus proche du mur était réservée aux membres de la haute société, loin du bourbier qui se formait. Aujourd'hui, on laisse les femmes se tenir près du mur, l'homme sera du côté de la chaussée. Quant à l'expression qui désigne aujourd'hui une certaine élite, elle aurait été inventée par Montaigne...

RESPECTER
L'ENVIRONNEMENT

Fini le temps où on ne se souciait pas de l'environnement. Où on laissait traîner ses détritus, où on n'utilisait jamais les poubelles. Fini, vraiment ? Alors pourquoi, dans certaines grandes villes, à l'heure du déjeuner, on trouve cannettes, restes de sandwichs, emballages sur les trottoirs ? Pour certains, pourquoi se donner du mal alors que des hommes en vert passeront derrière eux pour nettoyer. Raisonner ainsi est, comment dire, pitoyable. Ramassez vos déchets, cela vous prendra une minute. Jetez vos chewing-gums dans une poubelle – il y en a aujourd'hui partout – et même vos mégots. Et puis, enseignez ça à vos enfants puisqu'ils semblent ne pas le savoir.

MONTRER
L'EXEMPLE EN VOITURE

La voiture rend fou. On a vu des êtres altruistes, charitables, réputés pour leur calme, leur sérénité, se transformer en moins de deux en monstres, invectivant l'automobiliste qui traînasse, le piéton qui traverse là où il ne faut pas. Alors, avant de regretter les mots que vous allez prononcer, les gestes que vous allez perpétrer, respirez à fond. Demandez-vous si ce monsieur ou cette dame mérite vraiment vos invectives. Dans les embouteillages, mettez la musique à fond, chantez à tue-tête : c'est le seul moyen de passer en quelques secondes de bête sauvage à enfant de chœur. Soyez sûr que ça marche, on l'a même testé pour vous.

BERLIN

PARIS

TRAVERSER
DANS LES CLOUS

On ne dit malheureusement plus les clous mais les passages piétons. Moins poétique. Mais le système reste le même. Ces traits blancs peints sur la chaussée ne sont pas l'œuvre d'un artiste contemporain mais plutôt un moyen de vous indiquer où traverser. Pourtant, l'impatience, la hâte – l'esprit de contradiction ? – vous fait faire n'importe quoi. Pas très sympathique pour cet automobiliste qui freine au dernier moment vous voyant surgir de nulle part. En Allemagne, si on est respectueux de ce code de conduite, c'est d'abord pour montrer l'exemple aux plus jeunes. Essayez à Berlin d'enfreindre cette règle : vous comprendrez vite votre erreur !

RESPECTER LES CYCLISTES

C'est vrai que les cyclistes ne sont pas tous Lance Armstrong. On parle ici de ses performances et pas de son utilisation exagérée de produits dopants. Automobilistes, soyez charitables ! Laissez le temps à cet amateur de bicyclette de grimper cette côte sans frôler sa roue de votre pare-chocs. Il n'ira pas plus vite en entendant vos klaxons exaspérés puisqu'il est déjà à son maximum. Au lieu de le maudire, félicitez-le ! Quant à vous, spécialiste de la petite reine, ne vous croyez pas tout permis : le Code de la route est aussi fait pour vous. Regardez un peu autour de vous avant de vous lancer, ne brûlez pas les feux. Sachez que la hargne de ce conducteur à votre endroit n'est due qu'à sa peur de vous percuter...

DONNER
LA PRIORITÉ AUX POUSSETTES

Les trottoirs sont étroits. Entre vous, piéton, et la poussette qui avance droit devant vous, ce sera un duel. Ou pas. Peut-être pourriez-vous vous ranger de côté pour la laisser passer ? Peut-être pourriez-vous, en accomplissant cet altruiste geste, esquissez un sourire ? « Les femmes et les enfants d'abord », disait-on sur le *Titanic*. Cette devise devrait être affichée sur les murs des grandes villes.

SE MONTRER AIMABLE AVEC LES TOURISTES

La France est un des pays les plus visités du monde et les Français un des peuples les plus détestables avec les touristes. C'est en tout cas la réputation de nos compatriotes. Ensemble, réfutons cet adage et soyons les plus prévenants des hôtes. Rien de plus facile : dans les rues de Paris, un couple semble perdu. L'énorme plan qu'ils déplient en tous sens ne les aide pas pour autant : ils ne savent où ils sont. Timides, ils n'osent pas demander leur chemin ? C'est là que vous entrez en scène. Tel un superhéros, accostez-les et demandez-leur, même avec vos mains si votre chinois n'est pas courant, ce qu'ils cherchent. Bref, soyez comme partout dans le monde sauf chez nous : aimable et disponible.

ATTENTION AU TAPAGE NOCTURNE

La soirée a été si bonne que vous la voudriez éternelle. À 3 heures du matin, impossible de se quitter. Alors, devant l'immeuble où a eu lieu votre dîner, les conversations s'éternisent. Ou devant le pub où vous avez pris un verre. On comprend bien ce plaisir-là. Mais il doit être modéré. N'oubliez jamais que des êtres humains vivent et dorment dans la rue où vous vous trouvez. Et qu'ils vous haïssent profondément à l'heure qu'il est. Votre rire, vos exclamations les ont réveillés. Ayez une pensée pour eux et baissez d'un ton. Mieux, allez-vous coucher. Il est tard.

BAISSER
LE SON

Les fabricants d'appareils auditifs se frottent les mains. D'ici quelques années, une grande partie de la population sera sourde. Vous n'y croyez pas ? Asseyez-vous dans le bus ou le métro à côté d'un ado. 98 % d'entre eux portent un casque et écoutent leur musique à fond. Ils imaginent sans doute que leur voisin n'entend pas et ils ont tort. Impossible de se concentrer sur autre chose que Lady Gaga quand on n'aspirait qu'à finir son roman. Alors jeunes gens, si cette dame vous envoie des regards furibonds, ce n'est pas qu'elle n'est pas mélomane, c'est seulement qu'elle aspire au silence. Et si vous baissiez le son entre Réaumur-Sébastopol et Wagram ?

PARTAGER
LA BARRE CENTRALE

Petite explication sur cette chose en aluminium située au beau milieu d'une rame de métro ou dans l'autobus. Cela s'appelle une barre centrale et elle est utilisée par les voyageurs pour qu'ils s'y cramponnent et lui éviter qu'il ne s'écrase tête la première sur le sol en cas de secousses inopinées. Alors, pourquoi certains s'adossent de tout leur long sur cette barre ? Pourquoi ne peut-on parfois s'y agripper parce qu'un sac à dos nous y empêche. Grrr !!! Exaspérant. Laissez-nous le seul moyen de ne pas nous ridiculiser en nous affalant dans les bras de ce voyageur qui n'a rien demandé. Et qui risque d'être surpris par notre soudaine familiarité.

S'EFFORCER
DE RETENIR LA PORTE

Il faudra un jour qu'on nous explique pourquoi les portes de sortie du métro pèsent une tonne. En attendant, lorsque vous êtes arrivé à pousser ce mastodonte, vérifiez que personne ne se trouve derrière vous. Ça doit être un réflexe. Et retenez la porte si c'est le cas. Même si vous devez attendre vingt secondes que l'on arrive jusqu'à vous. On ne vous remerciera pas forcément – le monde n'est plus ce qu'il était ! – mais si c'est le cas, souriez ou murmurez un « je vous en prie ». Même six pieds sous terre, on peut rester aimable, non ?

PROPOSER SON AIDE AUX PLUS FAIBLES

On devrait apprendre ça aux enfants en même temps que l'alphabet. Quand une personne âgée ou une femme d'âge mûre entre dans un autobus ou un métro bondé, les plus jeunes cèdent leur place. Il ne suffit pas de le savoir, il faut le mettre en application ! Si on croise une jeune mère, poussette dans la main gauche, bébé dans la main droite, immobile devant un escalier qui n'en finit pas, c'est qu'elle a besoin de notre aide. On n'hésite pas. Dans le train, les plus robustes peuvent aussi aider ceux qui le sont moins à hisser une valise dans le filet à bagages. Non seulement vous aurez fait une bonne action mais on pensera beaucoup de bien de vous. C'est bon pour l'estime de soi.

CLAC!

MANIPULER
LE STRAPONTIN AVEC DÉLICATESSE

L'inventeur du strapontin a pensé à tout, à un détail près : les utilisateurs se lèvent souvent d'un bond et le font claquer avec un bruit d'enfer. Les autres voyageurs sursautent. Priez que, parmi eux, ne se trouve pas un grand cardiaque. Retenez délicatement le siège avant de vous mettre debout. Et, si la rame se remplit, ne restez pas assis sur votre strapontin, ne vous concentrez pas sur votre journal comme si le monde extérieur n'avait pas de prise sur vous, plus hypocrite encore, ne faites pas semblant de piquer un roupillon ! Levez-vous sur-le-champ pour laisser un peu d'espace aux autres.

FAIRE PREUVE DE PATIENCE EN TAXI

Bien sûr, la courtoisie voudrait que vous engagiez la conversation avec votre taxi. Mais c'est parfois épuisant, surtout s'il vous parle de l'avenir de la France. Pour ne pas le vexer, pour rester le gentleman ou la lady qu'on sait, dites bonjour, donnez l'adresse où il doit vous conduire et plongez-vous dans la lecture de votre smartphone. Vous pouvez lui demander de baisser la fenêtre si vous avez froid, l'itinéraire que vous préférez, du moment que vous le faites gentiment. N'oubliez pas le pourboire, pas obligatoire mais sympathique, surtout si le chauffeur a été aimable, voire serviable. 10 % du prix de la course, c'est bien.

RESTER
DISCRET DANS LE TRAIN

La discrétion passe par la parole et par l'odeur. C'est-à-dire : on n'est pas obligé de parler fort, de hurler contre ses enfants ni de se disputer avec son ado qui n'est jamais content. On n'est pas obligé de mettre le volume de sa musique au maximum. On n'est pas obligé non plus de manger un sandwich au thon, ni des œufs durs qui peuvent soulever le cœur des autres. Attention : ce n'est pas interdit. Mais certains rêvent que ce le soit. On suggère aux parents d'attendre d'être arrivés pour élever le ton et de jeûner dans les transports en commun. Il paraît que se priver quelques heures de nourriture est excellent pour la santé. À vous de voir...

NE PAS COMMUNIQUER SON STRESS EN AVION

Vous n'aimez pas ça ? N'en dégoûtez pas les autres. L'avion fait parfois peur et nous comprenons vos angoisses. Mais si vous les gardiez pour vous ? Si vous évitiez de demander à votre voisin s'il entend lui aussi le petit couinement venant de l'aile gauche de l'appareil ? Il serait sans doute sage également de ne pas lui raconter par le détail l'article que vous avez lu récemment : celui qui donne le pourcentage de survivants en cas de crash. Si turbulences il y a – et sachez qu'il y en a pratiquement tout le temps –, ne regardez pas les autres passagers d'un œil affolé. Ils n'ont que faire de votre crise de panique. Ils ont bien assez à faire avec la leur.

CE SOIR, ON SORT ?

CHOISIR UN RESTAURANT POUR TOUS...

Sans avoir le nez dans le compte de vos amis, vous devez savoir que tout le monde n'est pas riche comme Crésus. Qu'en tous les cas, on ne peut pas toujours s'offrir un menu gastronomique dans un restaurant étoilé. Aussi, quand c'est à vous de choisir l'endroit idéal pour un dîner entre copains, faites attention. Grâce à Internet, il est très facile à présent de connaître les tarifs des bistrots qui vous tentent. Jetez un œil avant de vous décider. Et si la « douloureuse » semble un peu trop salée, allez voir ailleurs. Votre délicatesse sera appréciée de tous.

LAISSER L'HOMME PASSER EN PREMIER

C'est une tradition d'un autre temps : l'homme doit toujours entrer avant la femme dans un restaurant. Tout simplement parce qu'au XIXe siècle, les auberges étaient parfois malfamées. Et l'homme devait vérifier que sa compagne ne risquait rien en y pénétrant. Aujourd'hui, cette coutume est oubliée et le gentleman qui fonce tête baissée vers l'entrée du restaurant peut passer pour un mufle ! Seule solution : dire à la femme qui vous accompagne : « C'est un peu désuet mais je vais faire preuve de savoir-vivre et donc te précéder. » Elle aura non seulement appris quelque chose mais sera pleine d'admiration pour votre courtoisie et votre culture générale !

Hop Hop Hop, La banquette c'est pour moi!
J'adore Les banquettes!

CÉDER
LA BANQUETTE AUX FEMMES

Évidemment, la femme dispose toujours de la place la plus confortable, c'est-à-dire la banquette, ce qui revient à dire qu'elle doit être dos au mur, face à la salle. Encore une règle ancienne qui ne se discute pas. Si vous êtes deux couples pour cette soirée, les deux femmes seront assises côte à côte sur la banquette, les deux hommes face à elles. L'homme peut aider son invitée à se débarrasser de son vestiaire et même lui suggérer de le pendre sur un portemanteau s'il y en a. Et, bien sûr, il ne s'assoit jamais avant elle.

CONSULTER MADAME SUR LE CHOIX DU VIN

Au début du siècle dernier, il était rarissime de proposer aux femmes de choisir les vins. C'était une affaire d'hommes. Aujourd'hui, elles s'y connaissent aussi bien en bordeaux qu'en bourgogne. Ainsi, l'homme doit toujours demander à son invitée si elle est d'accord avec ce qu'il suggère. Préfère-t-elle du blanc, du rouge, aimerait-elle goûter ce médoc qui n'a pas l'air mal ? Voici une règle de savoir-vivre qui a évolué avec le temps. En revanche, un usage n'a, lui, jamais changé : c'est toujours l'homme qui passe commande au maître d'hôtel... et toujours lui qui remplit le verre du sexe faible.

S'EXPRIMER SANS CRIER

C'est un peu le problème du bon vin. On en boit beaucoup et, pour une raison sans doute organique, on parle plus fort. L'un va avec l'autre. Il suffit juste de le savoir. Vos voisins de table n'ont pas à entendre votre dernière blague, même si elle est très, très drôle. Gâcher un bon moment au restaurant avec des amis parce que le type d'à côté se met à hurler est pénible, vous en convenez ? Alors, s'il vous plaît, baissez d'un ton. Au cas où vous l'auriez oublié, un restaurant est un lieu public !

Ce sera une formule pour tout le monde... avec une carafe d'eau !

MENU
OU CARTE ?

De plus en plus de bistrots proposent des formules à moindre coût. Elles sont souvent parfaites. Mais lorsque vous invitez quelqu'un à déjeuner ou à dîner, proposez-lui autre chose que le menu à 12 euros. Vous-même, l'invitant, faites mine de regarder la carte – plus chère – afin de mettre votre invité à l'aise. Qu'il ne se croit pas obligé de prendre le foie de veau alors qu'il déteste ça, le poisson du vendredi alors qu'il rêve d'un steak. Vous n'avez qu'un but : faire plaisir à la personne que vous avez conviée, n'est-ce pas ?

C'est même la seule chose qu'il faut avoir en tête.

ÉVITER DE PRONONCER LES NOMS DE FAMILLE

C'est si facile de se laisser aller à la médisance. Cela fait même du bien. Vous amusez tout le monde en racontant des petites anecdotes bien senties sur ces amis sympathiques mais franchement pingres, gentils mais sans humour. Qui vous dit que vos voisins de table ne font pas partie de leur cercle proche ? Dans le doute, ne prononcez jamais de noms de famille et baissez d'un ton quand vous critiquez qui que ce soit. Ne prenez pas le risque de blesser et de passer pour un horrible énergumène. Cette situation désagréable arrive plus souvent qu'on ne le croie. La honte que vous ressentirez alors sera... incommensurable.

SE MONTRER COURTOIS AVEC LE SERVEUR

Il ne vous viendrait pas à l'idée de siffler entre vos doigts pour interpeller le serveur. Même si cela vous démange tant ils sont parfois inaccessibles. Non, il suffit de faire un signe de la main en souriant, ce devrait être suffisant. Lorsqu'enfin il s'approche pour prendre la commande, parlez-lui aimablement. Il est à votre service, soit, mais n'abusez pas de la situation ! C'est-à-dire qu'il faut lui dire merci lorsqu'il apporte votre assiette. Vous pouvez aussi lui laisser un pourboire même s'il est compris dans l'addition, tout simplement parce que le service était impeccable, parce que la côte de bœuf était au-dessus de vos espérances. Faites comme bon vous semble, mais il est correct de donner entre 5 et 10 % du total de l'addition. Si le serveur a été odieux, incorrect et incompétent, il est admis de ne rien laisser. Il ne faut pas pousser.

Allo, oui comment vas-tu?
... Mais non tu ne me déranges pas du tout...
... Je suis au restaurant avec des amis ...
... On passe vraiment un bon moment ensemble !

ÉTEINDRE SON TÉLÉPHONE PORTABLE

« Allô ? Je suis à table. Non, tu ne me déranges pas » est une phrase qui ne devrait jamais, mais alors jamais, être prononcée. Pas même avec son meilleur ami, sa mère ou un confrère. Lorsqu'on déjeune ou dîne au restaurant, on ne répond pas au téléphone, on ne le pose pas sur la table, on ne jette pas un œil dessus au cas où... Savez-vous quel message vous renvoyez ? « Au fond, ta conversation ne m'intéresse pas tant que ça. » Agréable, non ? Alors, s'il vous plaît, éteignez votre portable, rangez-le dans votre poche et concentrez-vous sur votre interlocuteur. Même si ses propos sont d'un ennui abyssal.

PAYER L'ADDITION DISCRÈTEMENT

Petit moment de gêne habituel (et normal) : le règlement. Qui invite qui ? Ce n'est pas toujours très clair. Si vous avez décidé d'être celui qui régalera, empochez très vite l'addition et ignorez les protestations de votre convive. Regardez très vite le montant, posez votre carte bancaire ou du liquide, et parlez d'autre chose. S'il vous plaît, n'examinez pas cette note ligne par ligne, ce serait très embarrassant pour tout le monde ! Si, effectivement, vous constatez une erreur – un montant vraiment supérieur à ce que vous imaginiez – levez-vous et parlementez discrètement avec le maître d'hôtel. Votre invité ne doit rien voir, rien remarquer, rien entendre, ce qui signifie que jamais, ô grand jamais, vous ne devez faire un scandale !

RESPECTER
LA FILE D'ATTENTE

Encore une spécialité française : vous n'aimez pas attendre, poireauter, faire le pied de grue. Vous n'avez pas la patience nécessaire pour faire la queue. Alors, discrètement, avec un talent parfois remarquable, vous grugez. Comme ça, le nez en l'air et l'air de ne pas y toucher, vous passez avant les autres. Et, quand vous parvenez à vos fins, un plaisir fugitif vous envahit, une certaine fierté s'empare de vous, avouez-le. Honte à vous ! Attendez comme tout le monde votre tour, c'est la moindre des choses. Vous mériteriez d'être pris la main dans le sac et de vous faire conspuer par plus honnêtes que vous. Ce serait bien fait !

CRONCH CRONCH...
CRRR... CRR... CRR...
CROUTCH CRONTCH...
CROTCH CRONCH...
CROUCH CRONTCH...
CRITCH CRITCH...
CROUTCH...
CRITCH CROTCH...
CRONCH CRITCH CROUTCH...

S'IL VOUS PLAÎT, UN PEU DE SILENCE !

Bien sûr, vous n'avez pas vu votre amie Nicole depuis des lustres. Vous avez tant de questions à lui poser, tant de ragots à lui raconter. Mais vous ne le ferez pas ici et maintenant, dans ce cinéma, devant ce film que d'autres attendent de voir depuis des mois. Ces spectateurs qui vous envoient des regards noirs ont payé leur place comme vous. Mais contrairement à vous, les histoires de Nicole, ils s'en fichent complètement. Ce qu'ils veulent, c'est un peu de silence. Pareil pour les amateurs de pop-corn. On ne plonge pas sa main dans le bol (ce qui produit un potin d'enfer), on fait glisser les grains de maïs dans sa main (plus discret). Et on ferme la bouche en mangeant ! C'est un minimum...

VEILLER AU CONFORT DE SON VOISINAGE

Être discret au cinéma, au théâtre ou au concert devrait être une évidence. Il semble pourtant que certains aient oublié cette règle élémentaire. La preuve ? Ce spectateur qui répond au téléphone au beau milieu d'un film : « Allô ? Oui, ça va. Non, tu ne me déranges pas, je suis au cinéma. » On rêve ! Celui qui arrive en retard au théâtre et qui fait se déranger toute une rangée, l'élégant gentleman qui ronfle tranquillement devant la mort certaine de Phèdre ou, mieux, qui soupire et essaye de convertir son voisin à son propre ennui. À croire que d'un coup, on a oublié de respecter les autres. Ah le respect ! Un mot très simple pour vous dire le plus aimablement du monde : taisez-vous ! Prenez votre mal en patience. Les pièces de Corneille ne durent jamais plus de quatre heures. Normalement.

TENIR
SA PLACE À L'OPÉRA

Savez-vous qu'à l'opéra, il existe une règle de galanterie spécifique ? Si vous venez à deux couples, les femmes seront assises côte à côte entre les deux hommes (les épouses à côté de leur mari). S'il n'y a qu'un homme pour deux femmes : l'homme sera assis au milieu d'elles. S'il y a une femme pour deux hommes : la femme s'installera entre eux.

L'opéra est sans doute à présent le seul endroit où il est bien de faire un petit effort de toilette. Et si vous troquiez votre jean pour un pantalon correct ou une jolie robe ? La grande musique invite à l'élégance, ne trouvez-vous pas ? Si vous êtes un spécialiste de Verdi, que *La Traviata* n'a aucun secret pour vous, merci de ne pas chantonner l'air de Violetta en même temps que la cantatrice. Il y a de quoi devenir fou quand on a attendu des années pour assister à une représentation unique de Cecilia Bartoli et que votre voisin vous massacre la soirée.

LANGAGES, MODE D'EMPLOI

S'ANNONCER DE LA BONNE FAÇON

On doit se présenter lorsqu'on appelle quelqu'un. Même si vous savez que votre nom s'affiche sur l'écran du téléphone de votre interlocuteur. Toutes conversations téléphoniques devraient commencer ainsi : « Allô ? Bonjour, c'est Paul. Comment vas-tu ? Je ne te dérange pas ? » Oui, il faut toujours vérifier que vous n'importunez pas votre correspondant. Ce qui veut dire qu'on ne commence jamais une conversation avant d'avoir eu son feu vert. Depuis l'apparition du portable, les premiers mots sont deux fois sur trois : « T'es où ? » Le problème ? Ça ne vous regarde pas. Vous êtes de la police ?

ADOPTER UN TON AIMABLE

« On vous sonne et vous répondez ? » disait Sacha Guitry, agacé par ce téléphone qui venait de faire son apparition dans les foyers. Aujourd'hui comme hier, on est quelquefois importuné par un appel auquel il faut bien répondre. Au ton de votre voix, on comprend très vite si on vous dérange ou si vous avez tout votre temps. Or, il faudrait faire croire qu'on est tout à son interlocuteur même si ce n'est pas vrai... Quand on vous appelle, répondez gentiment : votre correspondant n'a pas à essuyer votre mauvaise humeur. Et puis souriez, même si on ne vous voit pas, votre voix ne s'en trouvera que plus charmante.

mdr,
mdr...?

RÉDIGER CORRECTEMENT SES TEXTOS

Tout le monde n'est pas bilingue langue française / langage SMS. Entendez que certains mots connus de vous ne le sont pas des autres. Si votre grand-mère est la championne des textos, elle ne sait peut-être pas ce que veut dire « mdr », « cb1 », « A12C4 ». Dans le doute, et parce que c'est poli, on essaye d'écrire des phrases à peu près correctes quand on connaît mal son interlocuteur ou qu'on lui doit le respect ! Rassurez-vous, on ne vous demande pas de rédiger un long texte : les « OK », « SVP » et « RAS » sont admis. Même votre grand-mère comprend leur signification. Mais relisez rapidement le message avant de l'envoyer. Histoire qu'il soit simplement compréhensible.

SE CONCENTRER SUR LA CONVERSATION

On ne peut pas être toujours concentré. Parfois même l'esprit vagabonde tandis qu'une amie vous parle des bienfaits de la dernière méthode de yoga pour les nuls. Cette amie se donne du mal : elle veut vous convaincre d'essayer. Vous répondez par de vagues « Ah bon ? », « Ah très bien ! » sans aucune conviction. Et bien sûr, elle va se rendre compte que sa conversation ne vous passionne pas. Avant qu'elle ne raccroche passablement agacée, faites un petit effort. Et si, décidément, vous n'y arrivez pas, prétextez un rendez-vous urgent. Faites tout pour qu'elle n'ait pas la désagréable sensation que vous avez mieux à faire.

ÉCOURTER
SON APPEL EN PUBLIC

Il y a les endroits où il est obligatoire d'éteindre son portable : en avion, en voiture, à l'hôpital, au théâtre, dans les lieux de culte… et les endroits où il est seulement poli de le faire : dans une salle d'attente, au cinéma, au restaurant… On aimerait dire dans l'autobus et le métro même si c'est irréalisable ! Il faut également interrompre une conversation lorsque vous entrez chez un commerçant, ne serait-ce que pour le saluer et pour lui demander ce dont vous avez besoin. Continuez à discuter avec tante Ginette et faire signe à votre boulanger que vous voulez une baguette sans jamais lui adresser la parole est le comble de la muflerie. Pire, du mépris.

Tu veux ma recette du Curry de Légumes...
... maintenant ?
00:40

NE PAS APPELER
À UNE HEURE TARDIVE

Vous êtes matinal ? Tant mieux pour vous. Mais sachez que vos amis ne le sont peut-être pas. Il est interdit de téléphoner le dimanche matin à 7 heures. Si vous n'écoutez pas ces recommandations, vous risquez gros… Comme vous brouiller avec ces gens que vous aimez tant. Même chose pour le soir. Certains aiment être tranquilles à l'heure du dîner et même plus tard, devant OM/PSG ou *Madmen* saison 5. Avant de décrocher votre téléphone, regardez toujours votre montre et essayez d'imaginer ce que sont en train de faire vos interlocuteurs. Si la réponse est : « À tous les coups, ils regardent le match », vous savez ce qu'il vous reste à faire (ou à ne pas faire).

INTERROMPRE LA CONVERSATION AVEC TACT

Vous n'avez pas que ça à faire. Un coup de fil qui n'en finit pas alors que le journal télévisé débute et vous voilà bien empêtré. Pas de panique ! Il existe des moyens faciles pour interrompre une conversation sans vexer personne. Il suffit de feindre, de mentir, de berner… intelligemment ! Le plus classique : « Je te laisse, les enfants m'appellent. » Le plus hypocrite : « Ah zut ! J'ai un double appel, c'est ma mère, ça doit être urgent. » Le plus perfide : « Allô ? Allô ? Je n'entends plus rien, tu es toujours là ? » Bref. On vous laisse choisir parmi cette liste le meilleur moyen pour couper court à votre discussion ! La duplicité, c'est mal. Sauf si c'est pour être un peu tranquille, non ?

DU MANIEMENT DES PARTICULES

On ne doit jamais prononcer la particule « de » lorsqu'on cite un nom de famille aristocratique sans le prénom. Ainsi, on ne dit pas les « de Vilmorin » mais les « Vilmorin ». Comme toute règle, elle comporte des exceptions : quand la particule est un « d' », on l'énonce. Comme pour les « d'Aboville » (et non pas les « Aboville »). Même chose pour les particules « du » et « des ». On dira les « du Fayet » ou les « des Rivières ». On garde le « de » lorsque le nom de famille ne comporte qu'une syllabe, comme pour les « de Lattre ». Compliqué ? Non, pas vraiment. Il suffit juste de le savoir.

Ça leur fait du bien je crois, ça leur donne l'impression qu'ils sont encore jeunes !

NE PAS S'ESSAYER AU LANGAGE « JEUNE »

Les plus jeunes ont un langage insolite, la plupart du temps amusant et tout à fait incompréhensible. Rien de plus distrayant que de leur demander de nous apprendre leur vocabulaire. Mais lorsqu'un homme de 40 ans nous explique qu'untel est un « bolos », qu'il a le « seum » mais que c'est vraiment « chanmé », nous, on est très « yomb », c'est-à-dire qu'on est énervé. Très énervé. À vouloir paraître plus jeune, on a l'air plus vieux. Plus vieux et même franchement ridicule. Laissez donc à vos enfants ces mots que vous ne comprenez pas ou que vous venez d'apprendre. Ils ne sont faits que pour eux. Sûrement pas pour vous. Trop relou.

FLATTEUR, MAIS PAS DRAGUEUR

Même si le féminisme est passé par là, bon nombre de demoiselles ne rechignent pas à être complimentées. Les hommes le savent et n'hésitent pas à vanter une nouvelle coupe de cheveux, une jolie robe. Attention pourtant à ne pas en faire trop. Le petit éloge sympathique peut se transformer en insinuation bien lourde qui ne fera pas du tout l'effet escompté. Si vous ne connaissez pas bien une dame, votre compliment doit être très court, une phrase pas plus, et s'arrêter là. Profitons-en pour rappeler que si cette même dame a un décolleté particulièrement profond, on ne passe son temps à lorgner dessus. Même si l'exercice vous paraît difficile.

GROSSIER, OUI, MAIS AVEC CHIC !

Pas tous les gros mots cela va de soi ! Et pourtant. Il arrive qu'on préfère entendre un « Merde » prononcé avec élégance qu'un « Mince alors » formulé de manière vulgaire. C'est une question d'attitude. Le fameux mot de Cambronne est presque entré dans le langage commun. Si vous le prononcez devant une assemblée peu encline à ce vocabulaire-là, excusez-vous mais n'en faites pas trop. Vous serez pardonné. Vous pouvez sinon le remplacer par le sympathique et suranné « flûte ». Sauf, bien sûr, si vous l'accompagnez d'un bras d'honneur…

Cet ensemble est tout à fait ravissant !

FUIR
LES EXPRESSIONS DÉFENDUES

C'est parfois comme un réflexe. On répète des expressions alors qu'on sait – ou qu'on a su – qu'elles ne se disent pas. La plus célèbre : « Bon appétit ». Tout cela part d'un bon sentiment sauf qu'il est interdit de prononcer ces mots. Parler de l'appétit, c'est parler de la digestion, de ce qui se passe dans nos entrailles. Berk. Autre expression à proscrire : « À vos souhaits ». Non, on ne dit rien quand votre interlocuteur éternue. Et si on ne dit rien, c'est qu'on doit faire mine de n'avoir pas remarqué ses problèmes de rhinite. On oublie le « Enchanté » pour un « Je suis ravi de faire votre connaissance ». Doit-on rappeler qu'on n'habite pas « sur » Limoges mais « à » Limoges et qu'on ne répondra pas « de rien » à un merci, mais « Je vous en prie ». La liste des expressions à prohiber est infinie... Ah ! Encore une petite chose : On « mange » une pomme mais « on ne mange pas à la cantine », on y déjeune. À bon entendeur...

EMBRASSER
SUR LES DEUX JOUES

En France, on embrasse. Nous ne parlons pas ici du « french kiss » mais des baisers sur les deux joues. Donc, on embrasse deux fois, pas trois, ni quatre même si cela se fait dans certaines régions. Quand on se penche pour recevoir ces baisers, on tend ses joues, pas ses cheveux, ni le haut du crâne. Et on ne se fait pas embrasser, on embrasse aussi... Et, bien sûr, on sourit, on ne le dira jamais assez. Lorsqu'on porte du rouge à lèvres, on fait attention à ne pas badigeonner les joues des autres. Si c'est le cas, on doit avertir sa victime qu'on a laissé son empreinte ! Et on évite le très célèbre et néanmoins vilain : « On se fait la bise ? »

ÔTER SES GANTS POUR SERRER LA MAIN

Il fait si froid. Vos gants peinent à vous protéger de cette atmosphère glaciale, quand, soudain, une dame de votre connaissance se dirige droit vers vous pour vous saluer. Vous êtes vous-même une femme, gardez vos gants. Vous êtes un homme ? Enlevez-les. C'est injuste mais c'est ainsi. À moins que cette dame vous en empêche, bien sûr. Ce qu'elle devrait faire quand il fait moins dix degrés, un peu de bienveillance ne fait pas de mal. Et puis messieurs, n'oubliez pas qu'on ne fait jamais de baisemain dans la rue. Gant ou pas gant.

TENDRE
UNE MAIN FERME

Les Français ne sont pas les meilleurs en football, encore moins en langues étrangères, mais s'il est une discipline dans laquelle ils sont champions du monde, c'est bien le serrement de main. Encore faut-il le pratiquer correctement. D'abord, on doit regarder droit dans les yeux, pas ses chaussures. Et on sourit. Ensuite, la main doit être ferme. Mais on ne doit pas non plus l'écrabouiller, même si vous êtes l'incarnation de la virilité. Pas non plus de main molle qui donnera de vous une image antipathique ou nonchalante. Quant à la main moite, que dire ? Rien. Ne vous excusez pas, ce serait pire. Et ne vous l'essuyez pas sur votre pantalon avant de la tendre. Ça, c'est vraiment l'horreur !

S'ESSAYER AU BAISEMAIN

Rassurez-vous, vous n'êtes pas obligé de pratiquer le baisemain, surtout si vous ne savez pas comment vous y prendre. Mais si cela vous amuse, ou si, dans certaines occasions, il vous semble qu'il serait bienvenu que vous vous y mettiez, voici quelques règles à connaître. C'est à l'homme de se pencher vers la main de la femme et non pas à la femme de lever sa main vers lui. L'homme fait mine de baiser la main. En réalité, ses lèvres ne la touchent pas. Il ne devra jamais baiser la main d'une femme non mariée (on dira maintenant d'une jeune fille mineure), ni d'une femme gantée, ni observer cet art subtil dans un lieu public ou en plein air. Vous voilà prévenu !

SAVOIR FAIRE
LES PRÉSENTATIONS

Il est une règle qu'il faut garder en tête : la personne la plus importante – la femme si vous la présentez à un homme, le plus âgé au plus jeune, votre patron à un collaborateur – doit toujours connaître l'identité de la personne qui lui fait face en priorité. Ainsi, vous présenterez toujours votre camarade de classe à votre grand-père et pas le contraire. Et vous direz : « Grand-père, je te présente mon ami Paul Durand. » « Paul, voici mon grand-père, Monsieur Dupont. » Le « Monsieur » est souhaité pour une personne d'un certain âge. Sinon le prénom est plus indiqué. On oublie le « Bonjour, moi c'est Paul » ou pire « Bonjour, Durand Paul ». On n'est ni au Club Med, ni à la Sécurité sociale.

Hey, comment vas-tu ? La forme ?

JE VAIS BIEN, NE T'EN FAIS PAS !

C'est un réflexe, on vous dit « Bonjour » puis « Comment vas-tu ? ». On est censé répondre que « Oui, tout va très bien », parce que c'est ce qu'on attend de vous. On ne veut pas savoir que vous souffrez d'un rhume ou que vous avez passé une nuit blanche. Vous le raconterez éventuellement un peu plus tard. Mais là, entre deux réunions, sur ce trottoir où votre ami vous a accosté, chez le boucher qui vous connaît bien, dites que vous allez bien même si c'est faux. On ne s'épanche pas à tout va, on ne pleurniche pas pour un oui ou pour un non. « Il vaut mieux faire envie que pitié », dit le dicton. Faites-en votre devise.

SALUER
LES SENIORS EN PRIORITÉ

Lorsque vous entrez dans une pièce où sont déjà installées quelques personnes âgées, ce sont elles que vous devez d'abord saluer. Si vous ne les connaissez pas, présentez-vous. Donnez votre prénom et votre nom et, pourquoi pas, la raison de votre présence. Si vous êtes un ami d'enfance de la maîtresse de maison, par exemple, dites-le. Soyez souriant et ne parlez pas à ces hommes et femmes comme à des vieillards séniles. Ils sont peut-être âgés mais pas forcément gâteux. Si vous êtes arrivé avant eux, vous devez vous lever dès leur entrée. Et ça, que vous soyez un homme ou une femme. S'il manque un fauteuil pour l'un d'eux, inutile de vous préciser ce que vous devez faire...

MAIN TENDUE : LA FEMME DÉCIDE

Cette règle de savoir-vivre a été oubliée par beaucoup. C'est dommage puisqu'elle prouve que, en termes d'étiquette, la femme détient un certain pouvoir ! Ce n'est pas à l'homme de tendre la main vers une femme mais bien le contraire. Ainsi, la femme peut décider si oui ou non elle désire saluer cet homme qui lui fait face. Bien sûr, il serait grossier de refuser une main tendue et encore plus d'assurer au monsieur qu'il se trompe et que c'est à vous de prendre l'initiative !

FAITS ET GESTES

Tu as 47 secondes de retard !
Je suis très, très déçu !

VIVE
LA PONCTUALITÉ !

Il y a deux sortes d'êtres humains : les toujours ponctuels et les éternels retardataires. Les premiers haïssent les seconds. On les comprend. Non seulement, ils se sont donné du mal pour arriver à l'heure exacte mais, constatant que leur rendez-vous n'est pas là, ils ont l'impression de s'être fait avoir. Être en retard, c'est mépriser les autres. Le mot est un peu fort ? Disons alors les négliger. Ce n'est, quoi qu'il en soit, jamais très agréable. « L'exactitude est la politesse des rois » n'est pas un simple dicton populaire. C'est une vérité immuable. Être à l'heure, même quand on est quelqu'un de très important, c'est simplement être respectueux.

SE RÉJOUIR
DES CADEAUX REÇUS

Passer Noël avec tante Ginette est un plaisir. On aime tout d'elle sauf ses cadeaux, son goût immodéré pour les écharpes en mohair rouge tricotées main. Chaque année pourtant, on y a droit. Difficile de simuler la joie quand on ouvre le fameux paquet. Et pourtant... Surjouez, remerciez chaleureusement, portez quelques minutes le cache-nez vermillon. La politesse, c'est aussi ça : un peu d'hypocrisie pour faire plaisir à l'autre. Tante Ginette reviendra l'an prochain, chargée de cadeaux que la famille détestera. Et ne saura jamais qu'ils seront dès le lendemain vendus aux enchères sur un site spécialisé. En attendant, vous avez fait une heureuse car tante Ginette est comme tout le monde : elle préfère offrir des cadeaux qu'en recevoir. Ne lui gâchez pas ce moment-là.

BÂILLER
SANS LE MONTRER

Les coups de barre, tout le monde connaît ça. Une irrésistible envie de bâiller peut vous prendre à n'importe quel moment. Il faut pourtant résister. Ou mettre sa main devant la bouche quand on n'a pu éviter le pire. Puis s'excuser, prendre un air contrit et se jurer qu'on ne nous y reprendra plus. Cette règle de savoir-vivre, somme toute évidente, semble pourtant avoir été oubliée par certains de nos contemporains. On comprend votre fatigue mais votre interlocuteur est en droit de se demander si ce n'est pas sa conversation qui vous met dans un tel état. Bref, si vous êtes épuisé, n'épuisez pas les autres et souvenez-vous à la célèbre phrase de Sacha Guitry : « Elle bâillait devant moi. Je lui ai dit : bye, bye ! »

bla bla bla bla bla bla BLABLABLA bla bla bla
Bla Moi blabla Je Moi blabla bla bla blabla BLABLA
bla bla bla bla blabla BLABLA Blabla BLABLA Moi Je Je Moi
Moi Je Moââ bla blabla Moi blablabla blabla BLABL
BLABLA BLABLA bla
blablabla
blabla Je moi
blabla
BLA bla
BLABLA
bla
bla

LAISSER
LES AUTRES S'EXPRIMER

Votre vie est passionnante. Soit. Mais celle des autres l'est peut-être aussi. Comment le savoir puisque vous ne les laissez pas s'exprimer. Dans une conversation à plusieurs, cessez de prendre la parole d'autorité et tâchez de vous intéresser à vos interlocuteurs. S'ils sont timides, posez-leur des questions d'ordre général – travail, famille, vacances – et relancez-les si décidément ils ne sont pas bavards. C'est parfois difficile de ne pas couper la parole quand une idée géniale vous vient. La politesse veut qu'on attende que l'autre ait fini de parler pour embrayer à son tour. Bref, on ne monopolise pas la conversation sous peine de passer pour un raseur de première.

SOURIRE
LE PLUS POSSIBLE

Vous pensez être aimable ? Vous êtes sûr d'être poli ? Mais vous ne souriez jamais ? Vous avez tout faux. Quand on sert une main, qu'on entre dans une pièce ou chez un commerçant, qu'on remercie, on doit sourire. C'est même la seule chose indispensable, la seule attitude à avoir. Tous vos efforts pour paraître agréable seront anéantis si vous ne faites pas fonctionner vos zygomatiques. Et si cela ne vous vient pas naturellement, entraînez-vous. Demandez-vous quelle image vous voulez renvoyer : celle d'un individu renfrogné ou d'une personne heureuse de vivre ? À vous de voir.

FUIR
LES COMMÉRAGES

Les histoires de cœur ou d'argent amusent et font parfois rêver. C'est pour cela que les journaux people marchent aussi bien. Si vous êtes avide de ce genre de cancans, achetez cette presse-là. Mais n'écoutez pas les racontars sur vos proches ou les proches de vos proches. D'abord parce que ce ne sont pas vos oignons, ensuite parce que vous n'aurez pas la tentation de les répéter ! Plus sérieusement, prenez de la hauteur, ne relancez pas une conversation douteuse, comprenez que des ragots peuvent ne faire que du mal. À ceux qui en sont victimes et à ceux qui les propagent. Ceux-là, on ne veut pas les compter parmi nos amis. Et si vous en rencontrez, fuyez ! Imaginez un instant ce qu'ils répandent sur vous !

SE MOUCHER
AVEC DISCRÉTION

La rhinite atteint à peu près tout le monde au moins une fois dans l'année. Se moucher est inévitable, plus encore, indispensable ! En public, c'est un problème puisque vous n'échapperez pas aux regards un peu dégoûtés ou un peu gênés de ceux qui font comme si de rien n'était. Première chose, essayez de trouver un endroit isolé pour vous soulager tout à fait. À table, coincé entre deux voisins, il vaut mieux se moucher que renifler. Alors faites ça le plus discrètement possible et surtout ne vous excusez pas longuement. Plus vous irez vite, mieux ce sera ! Changez immédiatement de conversation. N'utilisez pas votre serviette pour vous débarrasser de vos mucosités (pardon, mais que dire d'autre !), on a déjà vu faire cela. Franchement répugnant !

SE RESPECTER ENTRE AMIS

L'intimité et la politesse ne sont pas deux valeurs opposées. Comprenez que vos amis méritent autant votre respect que la reine d'Angleterre. Que votre ponctualité, votre bonne humeur, votre générosité sont une affaire de tous les jours et ne doit pas être exceptionnelle. Bien sûr, il est possible de s'épancher avec un ami quand on n'est pas bien, alors qu'il est interdit de le faire avec la reine. Bien sûr, vous serez plus facilement excusé pour une bévue par un proche qui ne vous en voudra pas. N'en profitez pas. Ne croyez pas que tout vous est permis avec votre vieux copain d'enfance. Avec lui, au même titre qu'avec les autres, soyez à l'heure, remerciez-le et excusez-vous quand c'est nécessaire. L'amitié, comme l'amour, passe par le respect et l'attention à l'autre.

TENUE CORRECTE EXIGÉE

Un déjeuner chez votre grand-mère, un dîner chez des amis, il vous faut faire un effort vestimentaire. Question de respect. Et puis c'est très facile, vous n'aurez même pas à dévaliser les magasins. Si vous ne voulez pas quitter votre jean, mettez un haut un peu chic comme une chemise en soie pour les femmes, une veste pour les hommes. C'est seulement pour les grands événements - mariages, baptêmes, enterrements - que la tenue décontractée est prohibée. Il était impensable, il y a quelques années, d'aller écouter *La Traviata* en tee-shirt. Aujourd'hui, c'est courant. Mais il n'est pas interdit de se pomponner pour aller au théâtre ou à l'opéra. Enfin, dans la vie de tous les jours, faites en sorte d'être toujours « propre sur vous », c'est aussi une manière d'être poli et de renvoyer de soi une image positive.

NE PAS ABUSER DU PARFUM

Un peu de parfum derrière les oreilles, quelques gouttes sur ses vêtements et on se souviendra de vous comme d'une femme raffinée. Pareil pour les hommes dont on vantera la sophistication. Mais attention : trop de parfum tue le parfum. Ne vous aspergez pas de patchouli. Certains pourraient en être incommodés ou pire encore... Le matin, utilisez une fragrance légère et gardez le jus plus capiteux pour le soir. Savez-vous qu'on n'offre jamais du parfum à autrui si on ne connaît pas la marque de celui qu'il ou elle porte d'habitude ? Un parfum, c'est personnel. Personne ne sait mieux que vous ce qui vous va et ce qui vous plaît. Et n'oubliez pas que quelques gouttes suffiront à vous rendre irrésistible.

DANS L'ESCALIER,
L'HOMME D'ABORD !

Une question qu'on se pose parfois : dans quel ordre un couple doit-il monter et descendre un escalier ? Pour monter, l'homme doit précéder la femme. La raison est simple : quand les dames portaient des robes longues, elles devaient légèrement les relever pour ne pas se casser la figure. Si l'homme était derrière elles, ils pouvaient – shocking – apercevoir leurs chevilles. Aujourd'hui, l'homme évite ainsi de regarder leur postérieur. Quand on descend un escalier, l'homme précède à nouveau la femme pour une raison plus pragmatique : en cas de chute, il sera plus à même de la retenir. Oui, être un parfait gentleman comporte des risques.

RESTER DIGNE EN TOUTES CIRCONSTANCES

Un trottoir glissant et c'est la chute. Les passants rigolent ? Rigolez avec eux, il n'y a rien d'autre à faire. Petit bonus : ça vous rendra sympathique. D'autres situations sont plus complexes : dans une soirée, votre conjoint(e) flirte dangereusement avec un(e) autre. La jalousie s'empare de vous. Mais avant de vous jeter à la gorge du coupable, avant de dire des choses que vous allez regretter, prenez sur vous. Attendez d'être seul à seul avec le (la) traître pour lui exprimer votre agacement. Les scènes publiques sont à proscrire absolument. Vous n'en sortirez pas grandi et vous n'arrangerez pas les choses. Comme le dit notre Président : « La vie privée doit rester une affaire privée. » Et il s'y connaît.

Auriez-vous l'extrême amabilité de bien vouloir appuyer sur la touche portant le n° 3, me permettant ainsi de descendre à l'étage souhaité ?...
S'il vous en convient ?

COURTOIS AVEC LES INCONNUS

Ce n'est jamais très agréable de se retrouver dans un endroit confiné avec un inconnu. L'être humain est ainsi fait qu'il déteste la promiscuité. Est-ce la raison pour laquelle, lorsqu'on entre dans un ascenseur, on ne se salue pas ? Remédions à ce manque de savoir-vivre avéré : dans un ascenseur, on dit bonjour, on sourit et, même si on n'engage pas la conversation, on demande aimablement à quel étage votre coéquipier désire se rendre. Si au moment de la fermeture des portes, on entend quelqu'un courir, on retient les portes pour que cette personne puisse y accéder. Ça prend deux secondes, ça rend service, c'est sympathique. Mieux, c'est normal.

PENSER
À S'EXCUSER

Un rendez-vous loupé ? Un retard ? C'est tout naturellement que vous vous confondez en excuses. Alors pourquoi n'êtes-vous pas aussi poli lorsque vous bousculez quelqu'un dans la rue ? Lorsque vous interrompez quelqu'un en pleine conversation ? Mais le plus difficile, lorsqu'on est adulte, c'est de demander pardon pour une attitude déplacée : lorsque nos mots ont dépassé nos pensées, quand on a été grossier ou injuste, tout simplement quand on a commis une erreur. Oui, c'est difficile d'avouer qu'on a été irrespectueux ou incompétent. Seuls quelques-uns ont ce courage-là. Ne soyez pas avare en excuses, ne croyez pas que dire ses regrets est un signe de faiblesse, au contraire, on ne vous en aimera que davantage.

ADRESSER
SES REMERCIEMENTS

On ne vous fera pas l'injure de vous apprendre à remercier. On espère que vous savez comment faire ! Mais certains remerciements doivent être peut-être plus appuyés que d'autres. Pour une invitation à dîner, un déjeuner professionnel, un cadeau, vous avez l'obligation d'écrire un mail, un SMS et, beaucoup plus chic, un mot écrit à la main. Après une semaine de vacances chez Pierre et Madeleine, n'oubliez pas l'indémodable « lettre de château ». Eh oui, une vraie lettre, pleine de reconnaissance mais aussi d'anecdotes sur le séjour, votre manière à vous de dire à Pierre et à Madeleine que grâce à eux, vous avez passé de sacrées bonnes vacances. Et, même si ce fut un enfer, si leurs enfants vous ont rendu fou et qu'il a plu toute la sainte journée, prenez la plume et dites merci.

Merci, c'est vraiment un très bon roman !

RENDRE UN OBJET
EN PARFAIT ÉTAT

On se brouille avec des amis pour moins que ça. Oublier de rendre un objet prêté, pire, le perdre, est un manque flagrant d'attention aux autres et, par conséquent, de savoir-vivre ! Si vous savez que vous êtes une tête de linotte ou que vous êtes désordonné, refusez tout net qu'on vous prête quoi que ce soit. Sinon, prenez grand soin du livre que cet ami vous propose : ne le laissez pas traîner n'importe où, protégez-le. Quant aux vêtements, avant de les restituer, lavez-les ou faites-les nettoyer. On ne rend pas une robe tachée ! Si, malgré tous vos efforts, le livre ou le vêtement ont été abimés, une seule solution : courir en acheter un autre. Et cela, même si votre généreux camarade proteste...

QU'EST-CE QU'ON DIT ?

LES EMPÊCHER D'INTERROMPRE

Que celui qui n'a jamais entendu « Attends deux secondes ma chérie, tu vois bien que je suis au téléphone », nous jette la première pierre. Impossible d'avoir une conversation téléphonique ininterrompue avec une mère d'enfants en bas âge. Très, très agaçant pour l'interlocuteur qui est en train de raconter à sa vieille copine son dernier chagrin d'amour. Un enfant ne devrait pas interrompre les adultes, ni au téléphone, ni ailleurs. Si malgré vos recommandations, il s'obstine, ne lui répondez plus. Avec un peu de chance, il se lassera.

LES FAIRE BAISSER D'UN TON

Les enfants et les adolescents auraient-ils un problème de surdité ? C'est à se demander. Pourquoi sinon haussent-ils le ton dès qu'ils sont en groupe ? Plus sérieusement, que ce soit à la piscine, dans le métro, dans la rue, leur timbre de voix monte vers les aigus et nous casse les oreilles. Vous y êtes peut-être habitué et vous oubliez de leur demander de baisser le volume ? Attention ! Certaines oreilles adultes ont du mal à supporter un tel vacarme. C'est à vous, parents, de penser à corriger le tir.

NE PAS IMPOSER SA PROGÉNITURE

Certaines mères ont du mal à abandonner leurs enfants ne serait-ce que quelques minutes. Elles les emmènent partout, toujours. Et ne réalisent pas que la présence de ses petits peut irriter. D'autant que personne n'ose leur dire. Imposer sa progéniture est un problème pour les autres, soyez-en sûr. Il est impensable d'amener chez des amis ses enfants quand on peut faire autrement. S'il vous a été impossible de trouver un baby-sitter, prévenez à l'avance, confondez-vous en excuses et prenez de quoi occuper l'enfant, un DVD par exemple. Et annoncez la couleur : ce soir, quoi qu'il arrive, il doit se faire vraiment tout petit !

ÉVITER D'EN PARLER SANS ARRÊT

Votre fils est génial. On le sait car vous nous l'avez répété plusieurs fois. Cent fois pour être précis. Vous ne vous lassez pas de raconter ses adorables bons mots, ses merveilleuses notes en calcul mental, son physique hors du commun, photos à l'appui. Seulement voilà, Alphonse, aussi formidable soit-il, n'est pas du tout l'obsession de ce copain célibataire pour qui les enfants c'est bien, du moment qu'ils ne s'approchent pas trop. Résistez à l'envie de parler sans cesse de votre progéniture, même si ça vous démange. Gardez ça pour votre famille proche qui sera, elle, ravie d'apprendre qu'Alphonse est un surdoué. Les autres seront contents pour vous mais penseront, c'est inévitable, que vous êtes assommant.

MÉNAGER LES ADOLESCENTS

Les adolescents veulent s'affranchir de vous, c'est le propre de cette période épuisante pour les parents. Ils ont besoin d'avoir un monde à eux. Ce monde a des frontières que les parents ne doivent pas franchir. Aussi, si Gustave fait la tête et qu'il n'a aucune envie de vous dire pourquoi, laissez tomber. Si vous avez vaguement compris que la jolie Adélaïde le fait tourner en bourrique, ce n'est pas vos oignons. Et si, désespéré, Gustave vient pleurer dans votre giron parce qu'Adélaïde a été voir ailleurs, consolez-le comme vous pouvez mais n'allez pas raconter à tout le monde que votre fils a été humilié. C'est un moment atroce pour lui et vous devez garder ça pour vous.

Alors, on dit quoi ?
On dit : il est nul le cadeau de mamie !

LEUR APPRENDRE
LE B.A.-BA

Vous leur répéterez peut-être cent fois, mille fois, mais ne lâchez pas prise. C'est la seule façon d'apprendre aux enfants la base de la politesse. Dès la petite enfance, ils doivent savoir dire « merci » et « bonjour ». Si vous culpabilisez parce que vous avez la sensation de les harceler, n'oubliez jamais que vous leur rendez un grand service en leur inculquant ces deux mots-là. Pensez-y quand vous aurez l'impression de répéter sans cesse la même chose. Le « qu'est-ce qu'on dit ? » et le « Dis bonjour », que vous quémandez toute la sainte journée, porteront un jour leurs fruits, c'est juré.

UN TEMPS
POUR TOUT

Lorsque vous invitez des amis à dîner, acceptez que les enfants viennent dire bonsoir, ils adorent ça. Mais lorsque vous passez à table, ils doivent filer au lit sans discuter. Rien de plus insupportable que de voir ses hôtes se lever sans cesse de table parce qu'Alphonse réclame un verre d'eau ou un énième câlin. Chaque chose en son temps. Et là, justement, c'est un temps pour les grands. Ce n'est pas parce que vous ressentez le besoin de ne plus les entendre que vous êtes de mauvais parents. Vous êtes seulement d'impeccables maîtres de maison.

FRAPPER
AVANT D'ENTRER

Votre intimité est importante. Elle ne doit pas disparaître avec l'arrivée des enfants. Et s'il y a une chose à inculquer le plus vite possible à vos petites têtes blondes, c'est de la respecter. Apprenez-leur à frapper avant d'entrer. Ils ne doivent pas se précipiter dans votre chambre ou dans votre salle de bains si la porte est close. Nous ne parlons pas ici des tout-petits qui ne comprendraient pas. Mais à partir de 6, 7 ans, ils devraient non seulement accepter mais suivre cette consigne à la lettre.

SOMMAIRE

MADAME EST SERVIE !

CE SOIR, ON SORT ?

LANGAGE, MODE D'EMPLOI

FAITS ET GESTES

À PROPOS DE
LAURENCE CARACALLA

Petite fille, on disait d'elle qu'elle était bien élevée. Mais à cette époque – lointaine – toutes les petites filles l'étaient. Révérences obligatoires pour les dames, discrétion avec les adultes, sourire de rigueur. Et puis l'adolescence a jeté comme un sort sur ce charmant tempérament : elle fut sujette aux claquements de portes, aux haussements d'épaules et aux airs agacés quand ses parents lui adressaient la parole. À l'âge d'entrer dans le monde du travail, elle devient attachée de presse dans une maison d'édition et retrouve sa politesse d'enfant, mieux, elle se passionne sur le sujet et s'amuse à écrire des livres sur le savoir-vivre. Si elle ne fait plus de révérences aux dames, elle tente d'être discrète et de sourire. Mais elle peut être très contrariée quand on fait preuve d'impolitesse à son égard. Le cordonnier étant, comme on sait, le plus mal chaussé, elle dit souvent des gros mots : on s'en plaint parfois, elle s'en veut souvent mais ne peut faire autrement.

Aujourd'hui, elle consacre le plus clair de son temps à lire des romans pour dire ce qu'elle en pense. Elle se dit qu'elle a le plus beau des métiers puisque les romans, elle adore ça. Et que les écrivains, quoi qu'on dise, ne sont pas plus impolis que les autres.

À PROPOS DE PASCAL GAUFFRE

Enfant, Pascal Gauffre, était très impressionné par les dessins d'humour de *Jours de France* ou de l'Almanach Vermot qu'il pouvait consulter dans la salle d'attente du dentiste. Il se promit de faire du dessin son métier.

S'entraînant avec application dans les marges de ses cahiers d'école, accordant à la lecture des *Rubrique-à-brac* de Gotlib, *Pif* et autres *Blek le Roc* une attention tout aussi soutenue qu'à ses manuels scolaires, il obtient un peu plus tard un diplôme d'expression visuelle à l'École Estienne. Après un passage en agence de publicité, il se lance dans le dessin comme illustrateur indépendant.

Depuis plus de vingt ans, il collabore à de nombreux magazines et exprime également son art dans l'édition et la presse jeunesse.

De sa table à dessin perchée sous les toits, il observe à ses heures perdues la petite société des pigeons, merles, pies et étourneaux, et s'est promis de travailler prochainement à transformer par le dessin ce petit monde en univers désopilant…